新刻山海經

附 新刻山海經圖

二

新刻山海經圖卷下

錢唐胡文煥德甫校

目録

目録畢 下巻卒

踈斯

灌題山有鳥狀如雌雉反面見人乃躍名曰竦斯其鳴自呼、

旄牛

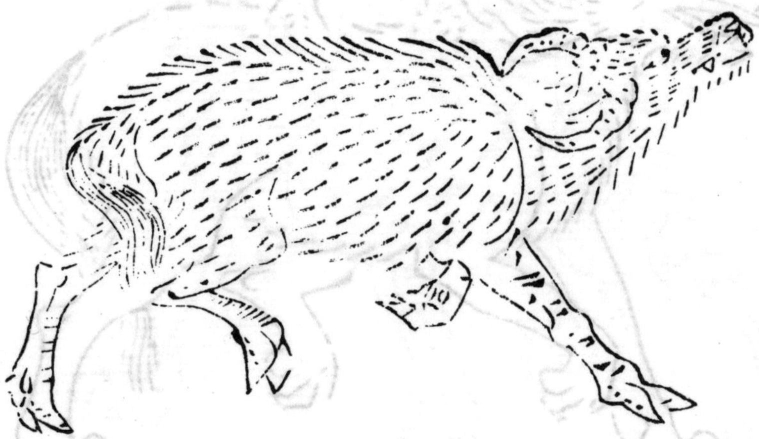

姑逢山有獸其狀如狐而有翼音如鴻鴈名曰獙獙
見則主大旱

燭陰

北海外鍾山有神名曰燭陰視為晝瞑為夜吹為冬呼為夏不飲不食息氣也則為風身長百里其狀人面龍身赤色居鍾山之下

鵲神

鵲山之神其狀鳥身龍首古者祠之禮用璋璧以獻

飛魚

崑崙之北柔利之東有相柳氏者共工之臣也九首人面蛇身青色不敢北射畏共之臺臺四方隅畫蛇虎之形首向南方

奢尸

狡

狡如犬而豹文其角如牛其音如吠犬見則其國大穰

玉山又西三百五十里曰玉山是西王母所居也

奢北之尸神名在大人國北獸身人面大耳珥䬓兩青蛇以蛇貫耳云肝俞之尸

赤貍

西海有赤貍周文王囚於羑里散宜生得之獻紂遂免西伯之難

玄豹

懷塗山有玄豹虎身白點文王因羑里
散宜生得之獻於紂王而紂王大悅

比翼鳥

結胷國有比翼鳥爾雅云南方有比翼
鳥不比不飛謂之鶼鶼注云似鳧青赤
色一目一翼相得乃飛王者有孝德于
幽遠則至

精衛

發鳩山有鳥狀如烏、
衛其鳴自呼号、
昔遊東海
山之、

潔鉤

鸞鳥

西山女牀有鳥焉其狀如翟而五采文

名曰鸞鳥見則國安寧

女床山有鳥狀如翟玉釆畢備身如雉
而尾長名曰鸞見則天下太平周成王
時西戎來獻

當扈

甲山有鳥名當扈狀如雉飛咽毛尾似
芭蕉人食則目不瞬

蠵龜

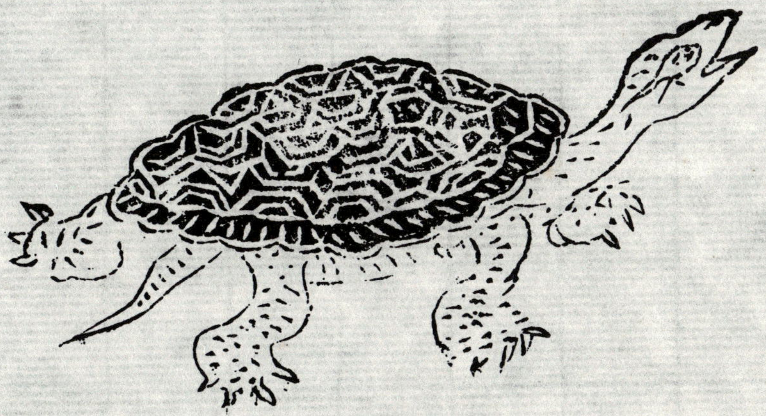

跂踵山水出蠵（切規）龜甲可以卜緣中似瑇瑁有文彩一名靈蠵

鸍鵂

基山有鳥狀如鷄三首六目六足三翼
名䳜鵂食之令人少睡

䳜

長舌山有鳥狀如鴟而人面脚如人手名曰鴸其鳴自呼見則卜國多曠士又多放士放逐也

鳴鴸

柢陽山有鳥狀如烏其足赤色名曰鴖
鴖可以禦火

士螻

崑崙之丘有獸名曰士螻狀如羊四角
其銳難當觸物則斃食人

耳鼠

丹熏山有獸狀如鼠而兎首麋耳音如
鳴犬以其髯飛名曰耳鼠食之不眯可
以禦百毒

幽頞

古山上無草木有泚水西注于河中有
獸文背善笑見人則佯卧名曰幽頞其
鳴自呼

諸犍

单張山有獸狀如豹而尾長至首牛鼻
直目名曰諸犍善吒行則啣其尾居則
蟠之

鵺

單張山有鳥狀如鷄文首白翼黃足名曰鵺食之已嗌痛嗌音謚咽也

豲

彘

回谿余之山有鳥焉
其狀如山鷄而長尾
赤如丹火而青喙名
曰鴒鵸其鳴自呼可
以禦凶服之不畏雷

翼望山有獸狀如貍五尾名曰豲又貉
類其音奪衆聲食之可以治癉

鵸鵌

翼望山有鳥狀如烏三首六尾自為牝牡善笑名曰鵸鵌服之不眯佩之可以禦兵

鸈

三危山有鳥一首三身狀如鶌黑文而赤頸名曰鸈

帝江

天山有神形狀如皮囊背上赤黃如火
六足四翼混沌無面目自識歌舞名曰
帝江

獘

如逢山有獸狀如狐有翼音如鴈名曰
獙見則大旱

蠪蛭

凫麗山有獸其狀如狐而九首九尾虎爪名曰蠪蛭音如嬰兒

䖤鼠

[illegible]兒

不名曰[illegible][illegible]音若[illegible]兒

[illegible][illegible]山有獸其狀若[illegible][illegible][illegible][illegible][illegible][illegible]

拘扶山有鳥狀如鷄而鼠尾名曰䖪鼠
見則國大旱

朱獳

耿山有獸狀如狐而魚鬣名曰朱獳其鳴自呼見則國有大恐

鸑鷟

丹穴山有鸑鷟者鳳之屬也亦神鳥也如鳳五色而多紫國語曰周之興也鸑鷟鳴于岐

天犬

天門山有赤犬名曰天犬其所現處主有兵乃天狗之星光飛流注而生所生之日或數十其行如風聲如雷光如電吴楚七國叛時嘗吠過梁野

比肩獸

西方有獸一名曰比肩又名蛩蟨其狀
鼠前兔後爾雅云如蛩蛩距虛其為比
每食得甘草必遺蛩人來則蛩虛負之
走王者德及幽遠鰥寡無棄則生出正
運山

赤豹

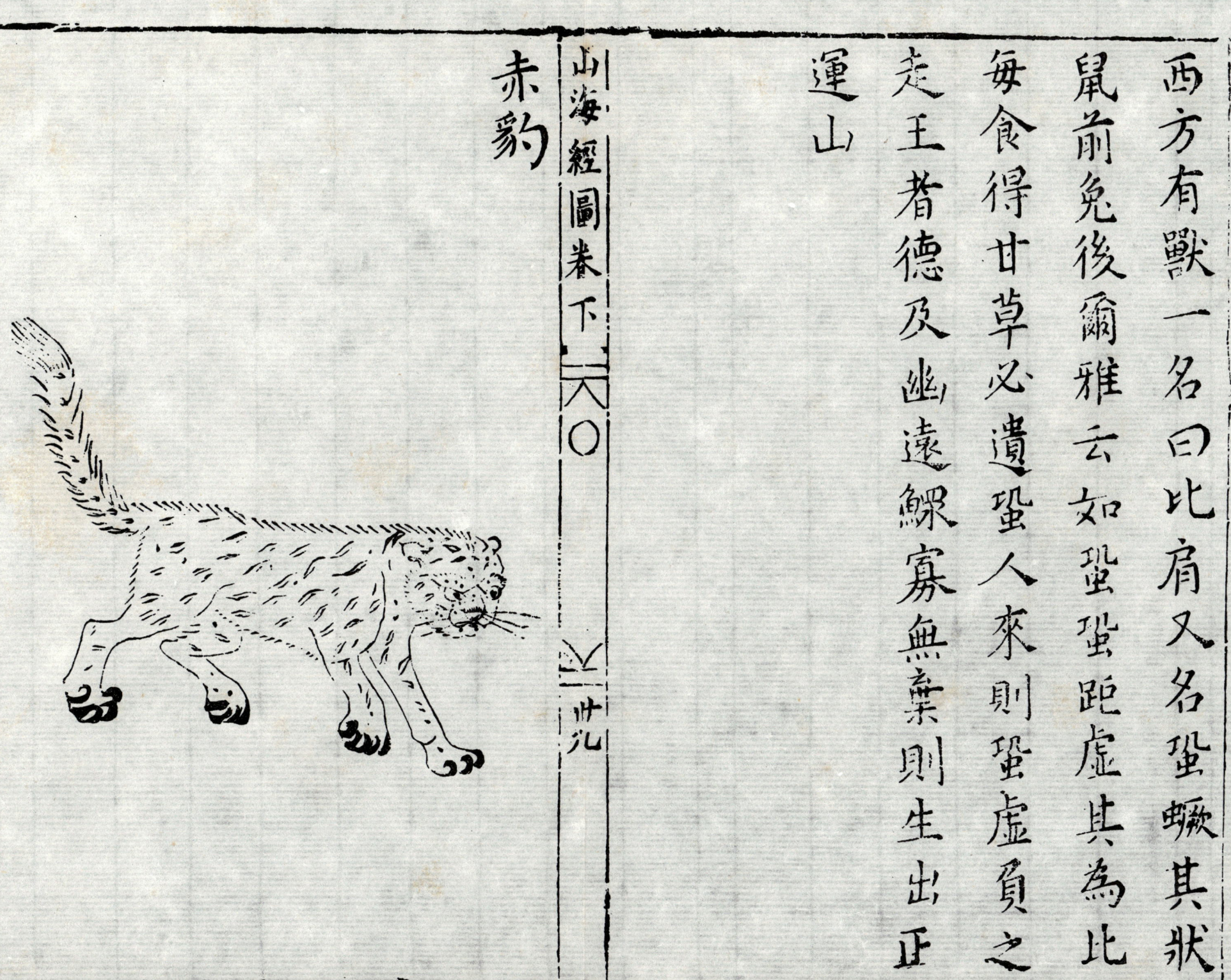

春山多赤豹毛詩宣王詩云王錫韓侯其追其貊奄受北國因以其伯獻其貔皮赤豹黃羆

猩猩

鵲山有獸狀如寓音弗類獮猴髮垂地江東山中亦有名猩猩能言

如人

獸鳥圖卷下

六〇

生四

獨山有攫猨色蒼黑能緣木
深山中亦有之能緣木捷走
山中有攫猨食獼猴能緣木
其色蒼黑能捷走顧視深山
之中亦有之重尾

東陽國有禺禺爾雅作狒狒狀似人黑身披髮見人則笑笑則唇掩其目郭璞云狒狒怪獸披髮猩竹獲人則笑唇蔽其目終乃號兆反為我戮

黑人

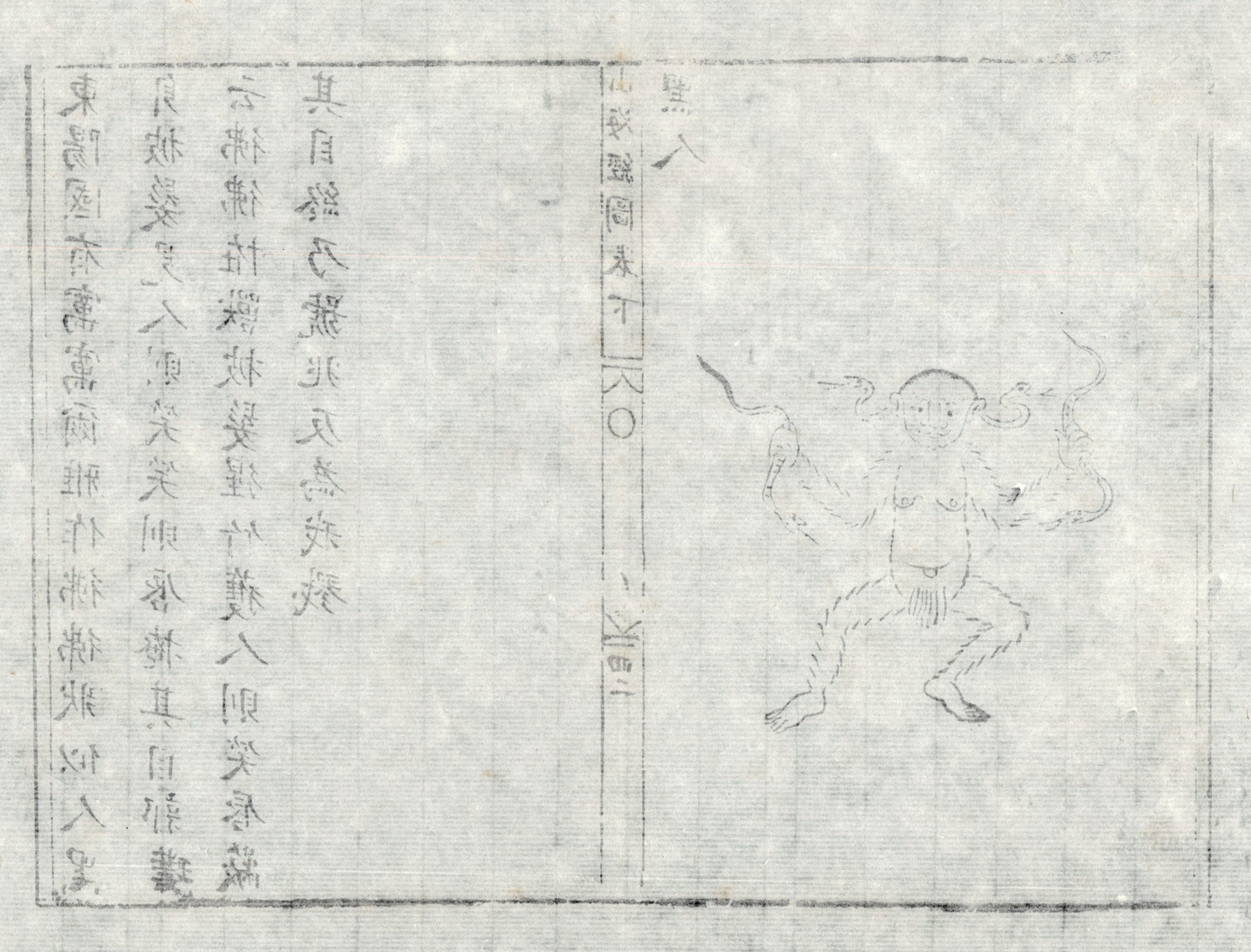

屏翳在海東之北其獸兩手各拿一蛇左耳貫青蛇右耳貫赤蛇黑面黑身時人謂之雨師

數斯

皋塗山有鳥狀如鴉人足名曰數斯
之已癭

鴉

崦嵫山有獸名曰鷄人面熊身犬尾有翼其鳴自呼見則大旱

䶂犬

渠搜國有鼩犬周成王曾獻之鼩犬者露犬身高三尺有翼能飛

鵰

鷄山有鳥狀如梟人面四目有耳名曰顒顒其鳴自呼見則大旱

猾褢

堯光山有獸狀如獮猴人面彘鬣穴居
冬蟄名曰猾褢音如斫木聲見多徭役

蠱雕

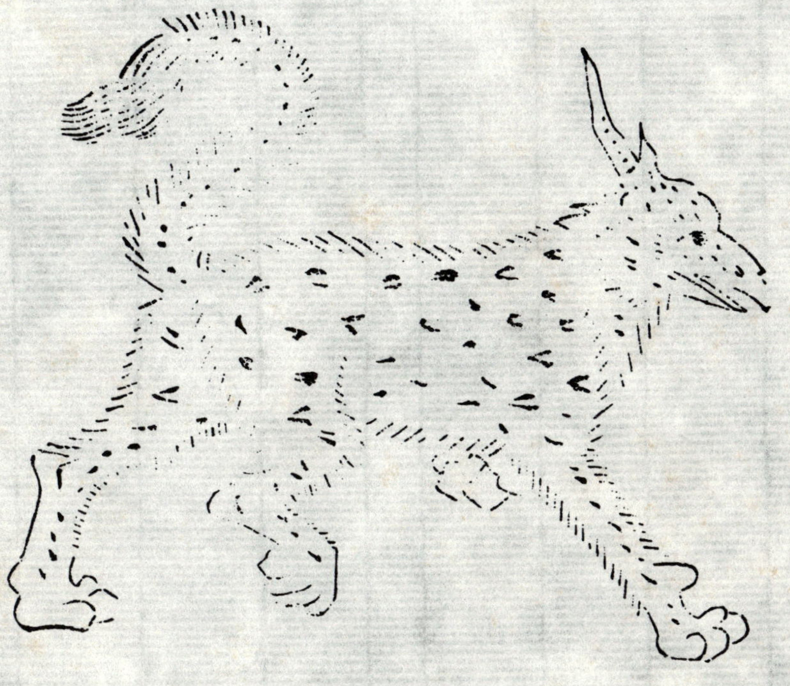

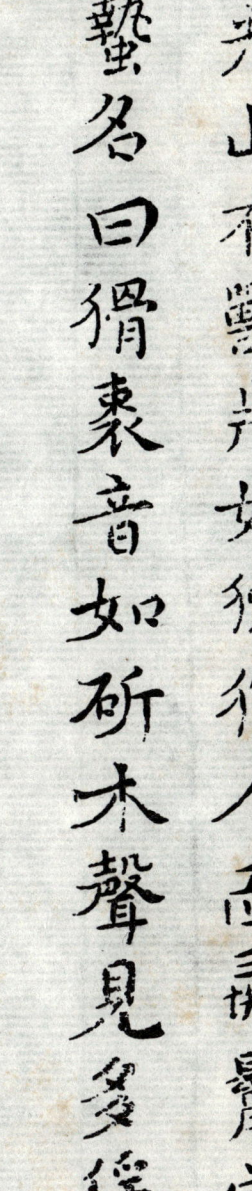

鹿吾山有獸名曰蠱雕狀如豹而鳥喙
有一角音如嬰兒食人

瞿如

禱過山有鳥狀如鵁似梟脚而小長尾
白首三面二足名曰瞿如其鳴亦自呼

天馬

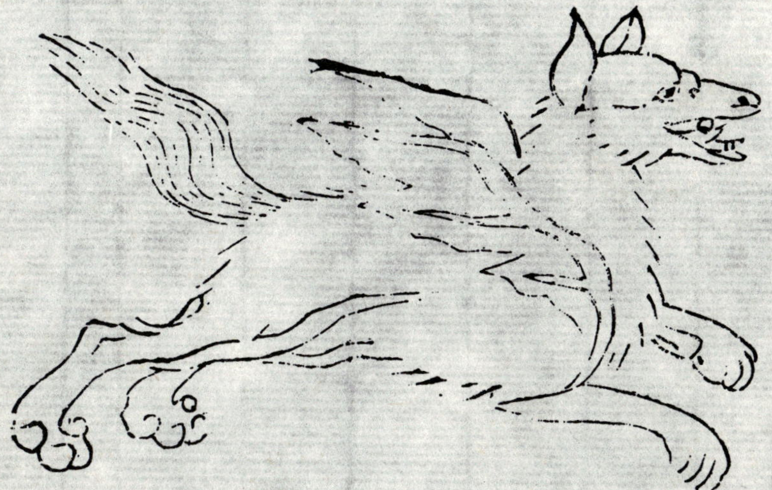

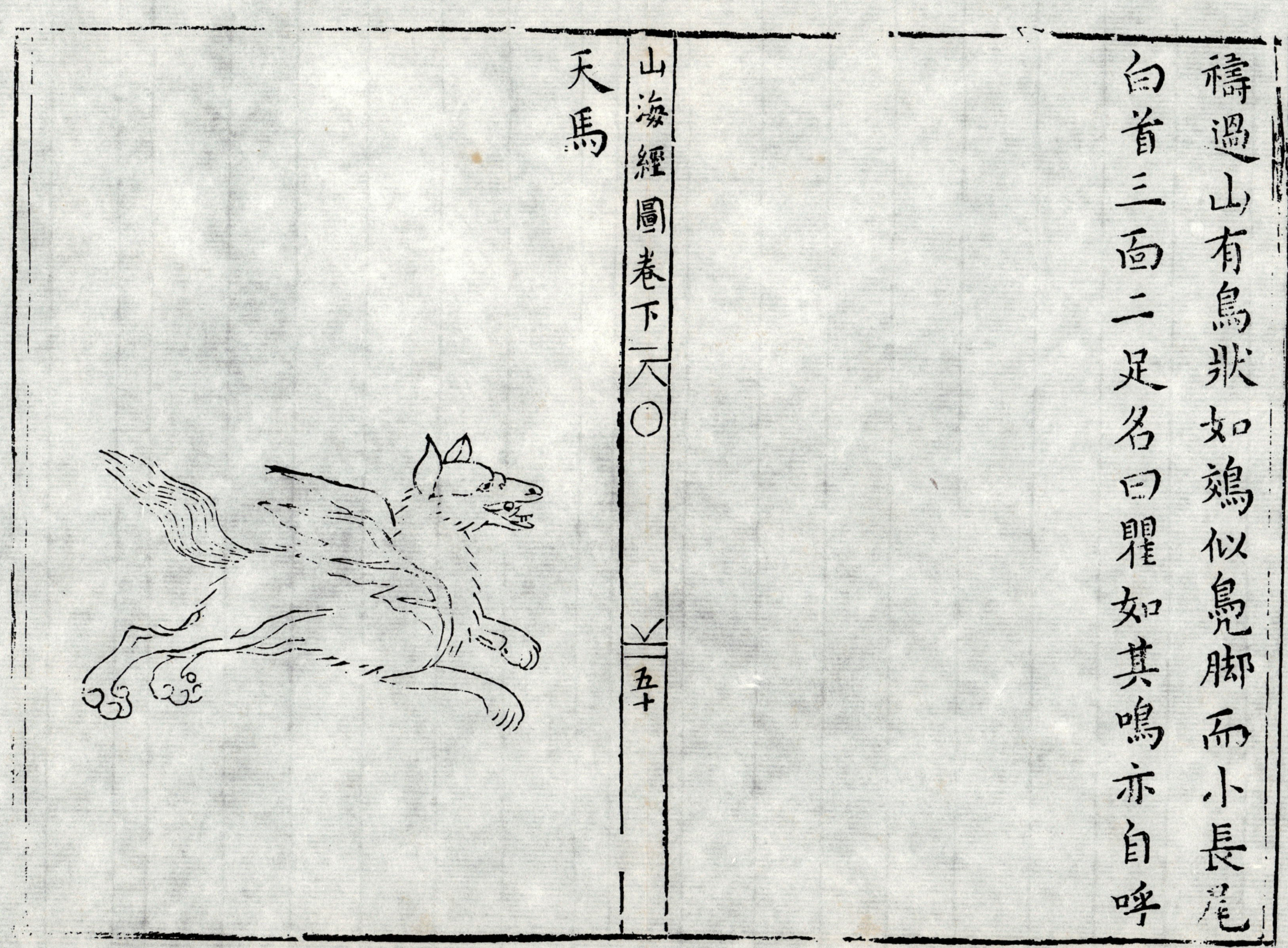

馬成山有獸狀如白犬黑頭見人則飛不由翅飛名曰天馬其鳴自呼見則豐穰

鳧溪

鳥䳅

君子之山有鳥焉其狀如翟而赤青而五采以文首曰䳅其名自呼

鹿臺山有鳥狀如雄雞人面名曰鳧徯
其鳴自呼見則主國有兵

厭火獸

厭火國有獸身黑色火出口中狀似獮猴如人行坐

畢方

義章山有鳥狀如鶴一足赤文白喙名
畢方見則有壽尚書實云漢武帝有獻
獨足鶴者人皆以為異東方朔奏曰山
海經云畢方鳥也驗之果是

鸓鳥

鷩鳥

鷩雉似山雞而小冠背毛黃
腹下赤項綠色鮮明其尾
毛紅赤光彩鮮明今人
取其尾為冠飾其鳥
出南越諸山中故名
山雞亦曰錦雞其
文采五色備具故
名鷩雉一名文
錦鷩雉者也

東華山有鳥狀如鸛色赤黑一身二首
四足

天狗

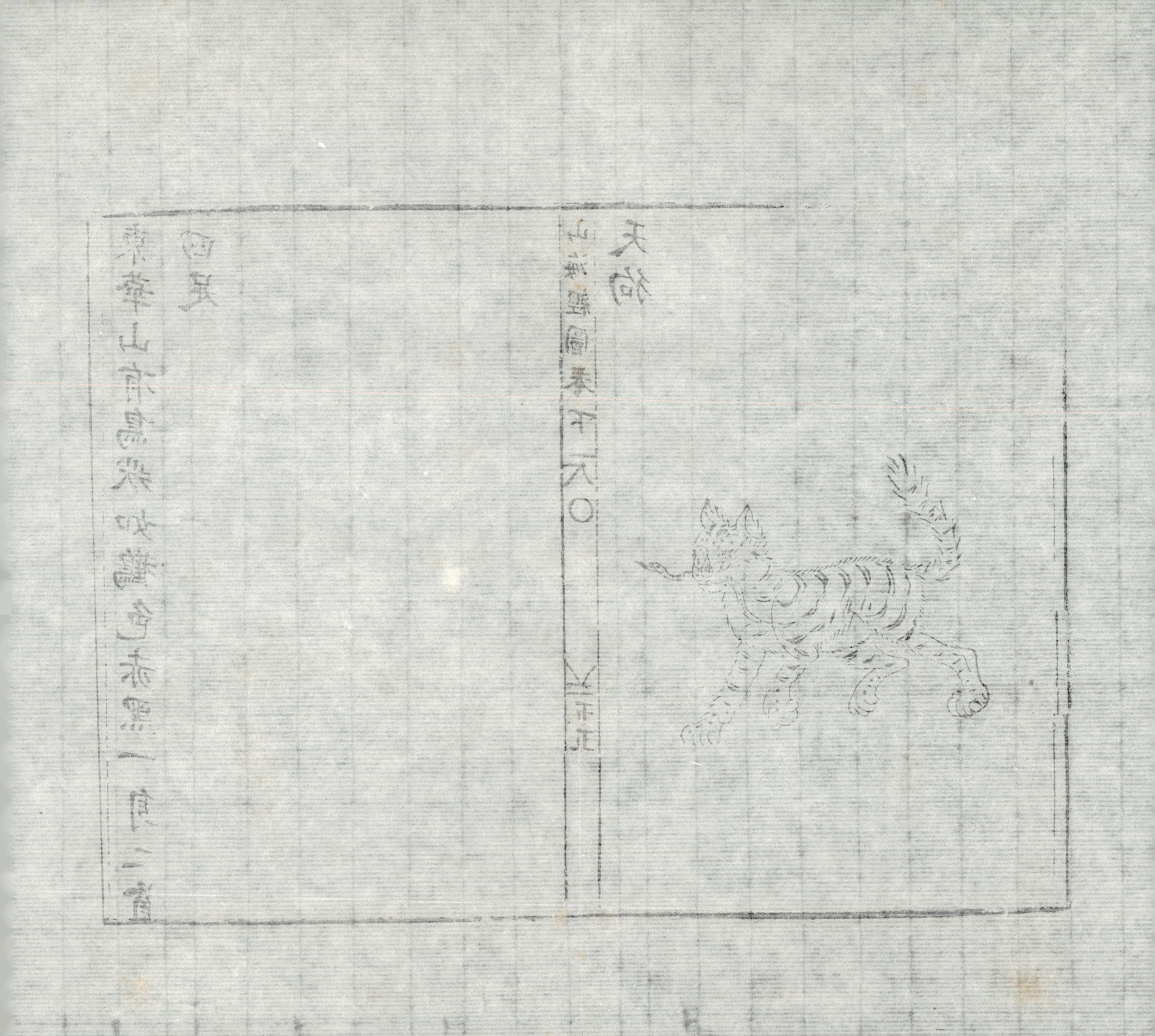

陰山有獸狀如狸白首名曰天狗食蛇
其音如猫佩之可以禦凶

三角獸

西凸山有三角獸乃瑞獸也先王法度修明則至矣

強良

大荒山北極外有口銜蛇其狀虎首人身四蹄長肘名強良

黑人

南海之內巴遂山中有黑人虎首兩手持兩蛇啖之

驕蟲

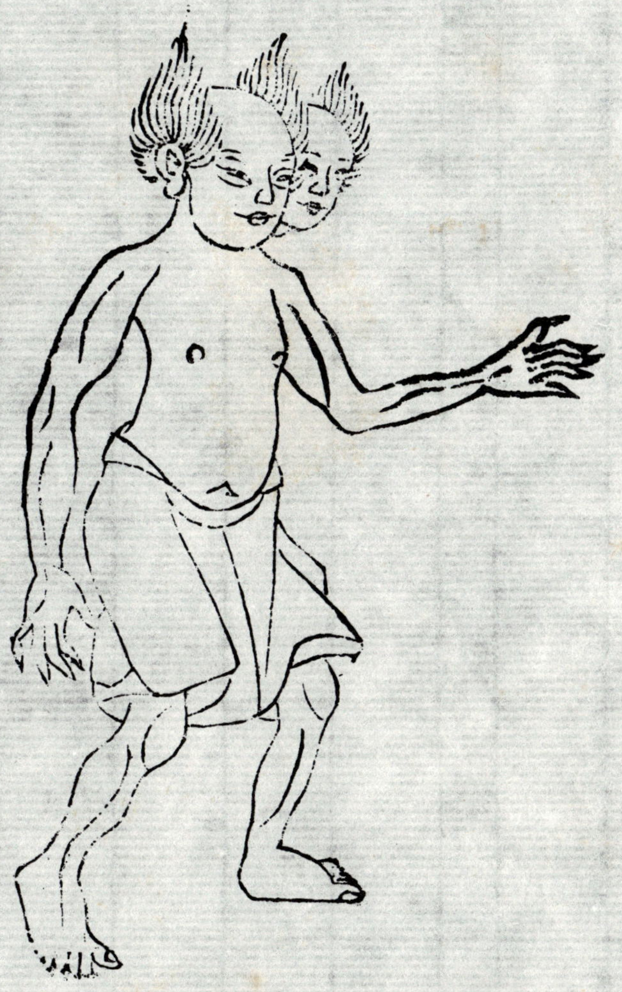

陽虛山有神其狀似人而有二首名曰

驕蟲

神魖

剛山多神䰠亦魑魅之類其狀人面獸身一手一足所居處無雨

囂

崳音余次山有獸狀如禺音佛長臂善殺名

曰嚻許嬌反

鮯魚

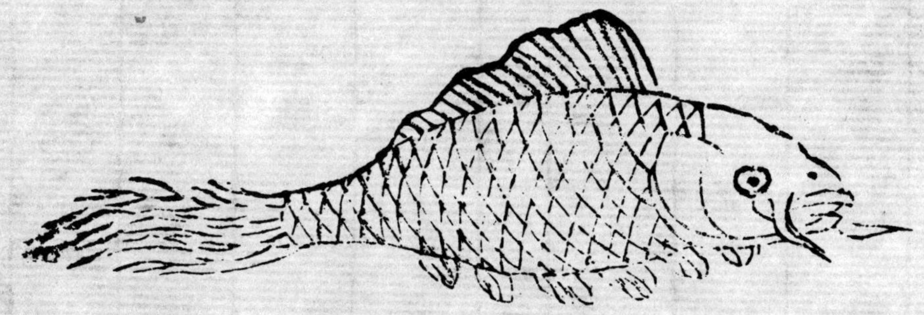

跂踵山有魚狀如鯉六足鳥尾名鮯魚

文鰩

文鰩

泰器山在觀水文鰩六足鳥翼音如鸞雞

泰器山觀水出注于流沙多文鰩魚鳥翼蒼文晝遊西海夜入北海其味甘酸食之已狂見則大稔

玄龜

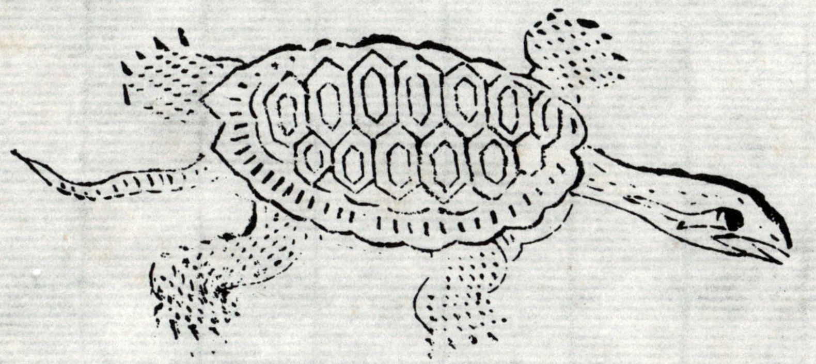

杻陽山北怪水河出東注水中多玄龜其狀鳥首虺尾音如破水聲佩之令人不聾

和尚魚

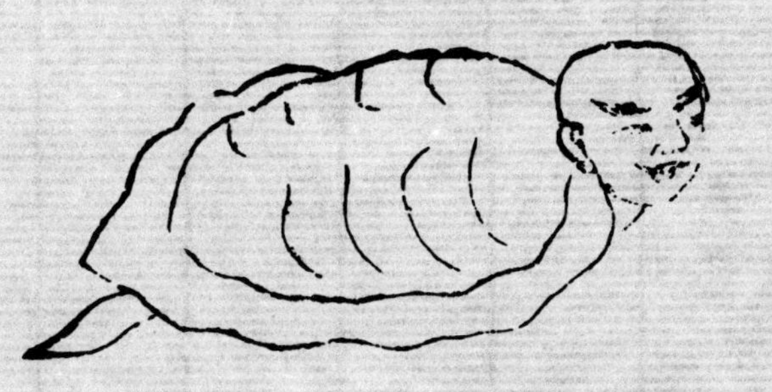

玄股國

海外

玄股之國在其北其為人衣魚食鷗使兩鳥夾之一曰在雊丘北

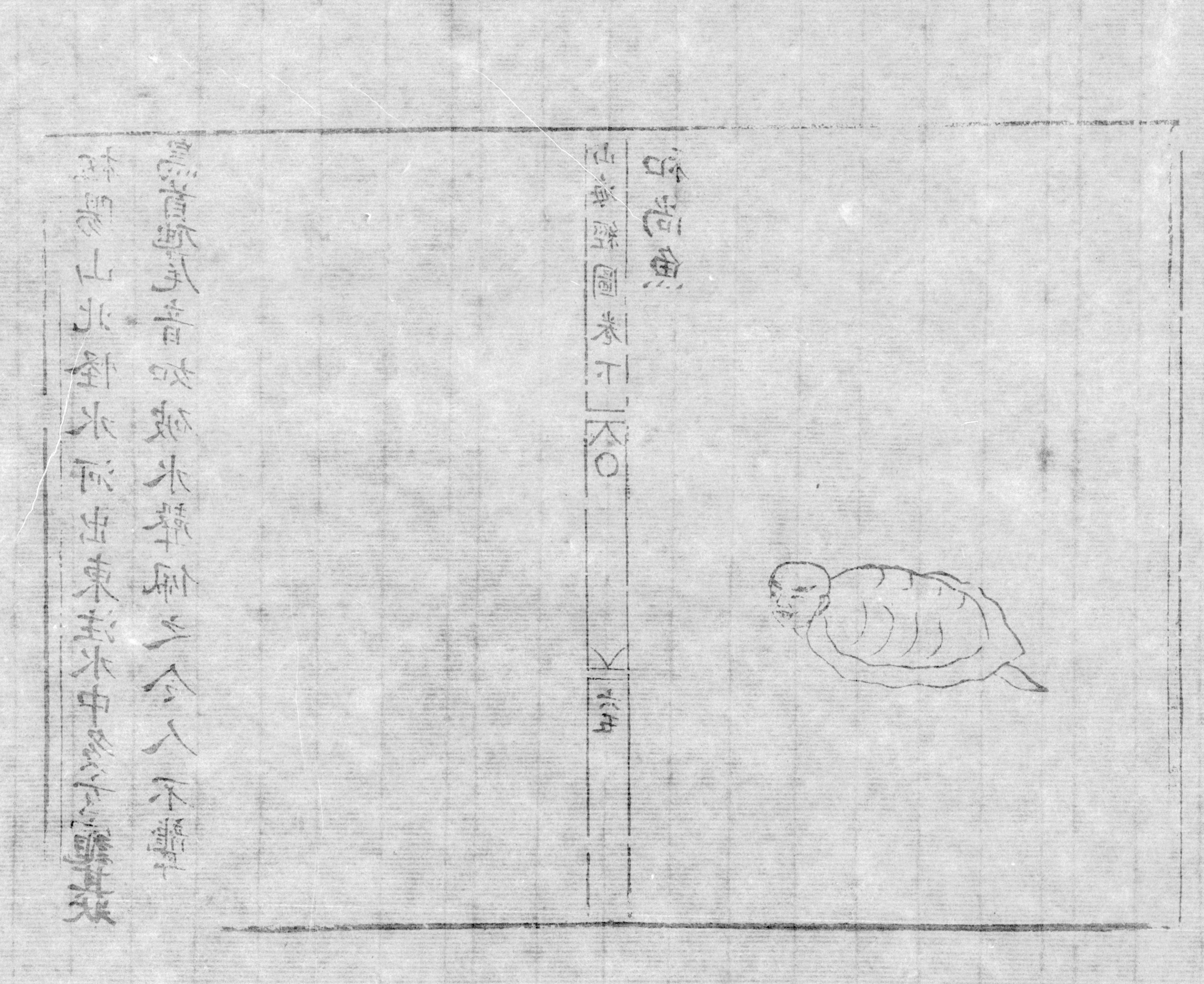

東洋大海有和尚魚狀如鼈其身紅赤色從潮水而至

酋耳

[illegible]耳

東洋大海[illegible]

[illegible]從瀾水行其

𫎇林山有㕙耳周成王時曾獻之尾長於身食虎豹王者威及四夷則此獸至

梁渠

虖石山有梁渠如貍白首虎爪見則國有兵

九尾狐